图解铁路工程施工安全 29

图解铁路临时工程施工作业安全

黄守刚　康志瑜　孙明磊　编著

中国铁道出版社
2013年 · 北京

图书在版编目(CIP)数据

图解铁路临时工程施工作业安全/黄守刚,康志瑜,孙明磊编著
北京:中国铁道出版社,2013.8
(图解铁路工程施工安全/黄守刚主编)
ISBN 978-7-113-17066-0

Ⅰ.①图… Ⅱ.①黄… ②康… ③孙… Ⅲ.①铁路工程-安全技术-图解 Ⅳ.①U215.8-64

中国版本图书馆 CIP 数据核字(2013)第 171206 号

书　　名:图解铁路工程施工安全
图解铁路临时工程施工作业安全
作　　者:黄守刚　康志瑜　孙明磊

策划编辑:许士杰
责任编辑:许士杰　　**编辑部电话:**(010)51873204　　**电子信箱:**syxu99@163.com
编辑助理:宋　薇
版式设计:王　雪
责任印制:陆　宁

出版发行:中国铁道出版社(100054,北京市西城区右安门西街 8 号)
网　　址:http://www.tdpress.com
印　　刷:中国铁道出版社印刷厂
版　　本:2013 年 8 月第 1 版　2013 年 8 月第 1 次印刷
开　　本:850 mm×1 168 mm　1/32　印张:6.125　字数:162 千
印　　数:1~3 000 册
书　　号:ISBN 978-7-113-17066-0
定　　价:27.00 元

前言

铁路工程建设规模大、施工人员分散、流动性强、机械化程度低、劳动强度高、安全管理人员数量少、临时设施多、职业卫生条件差，加之新材料、新技术、新工艺、新装备大量采用，安全管理任务重，难度大。为解决铁路工程施工安全教育培训难题，编著者们针对铁路工程施工的安全特点，撰写了“图解铁路工程施工安全”系列丛书。

本丛书以最新版铁路工程施工安全技术规程、施工现场临时用电安全技术规范、建筑机械使用安全技术规程等标准、规范、规程为基础，以满足安全管理、安全技术和安全操作三个层次人员的教育培训需要为目标，深入浅出地用图画形式直观、形象地解析了铁路工程施工危险危害因素、安全基本常识、安全技术要点与安全管理注意事项等。

本丛书特别适合作为一线施工人员的安全知识、安全技能学习的自学用书，也可作为安全作业的指导用书，还适合于施工安全管理人员、施工技术人员等参考阅读。

限于编著者们的水平和绘图素材的选取局限性，书中错误和不妥之处在所难免，恳请广大读者批评指正。

本丛书由石家庄铁道大学黄守刚主持编著，铁道部铁路工程技术标准所薛吉岗主持审定。

编著者

2013年5月

目录
Contents

目录
Contents

1　临时道路安全

1 临时道路安全

1.1 人工伐树

1. 砍伐树木作业前必须检查现场环境，观察风向，排除地面和空中的危险物。

2. 应确定作业区域，并设专人警戒和疏导交通。非工作人员不得在作业范围内逗留和接近作业范围。

3.伐放树木应选择安全、无障碍物的倒向，不得倒向墙、桥梁、房屋等构筑物。

4. 伐树前，应将周围有碍砍伐作业的灌木和藤条砍除，并选好安全躲避的退路。

5. 伐树前，应对伐具，特别是电锯的设备、布置（如线路）进行检查。

6. 应检查工具和控制缆绳，符合安全要求后方可作业。

7. 确定锯口时，要先拴牢拉绳，以控制树木的倒向。施工人员必须与伐放树木保持安全距离。

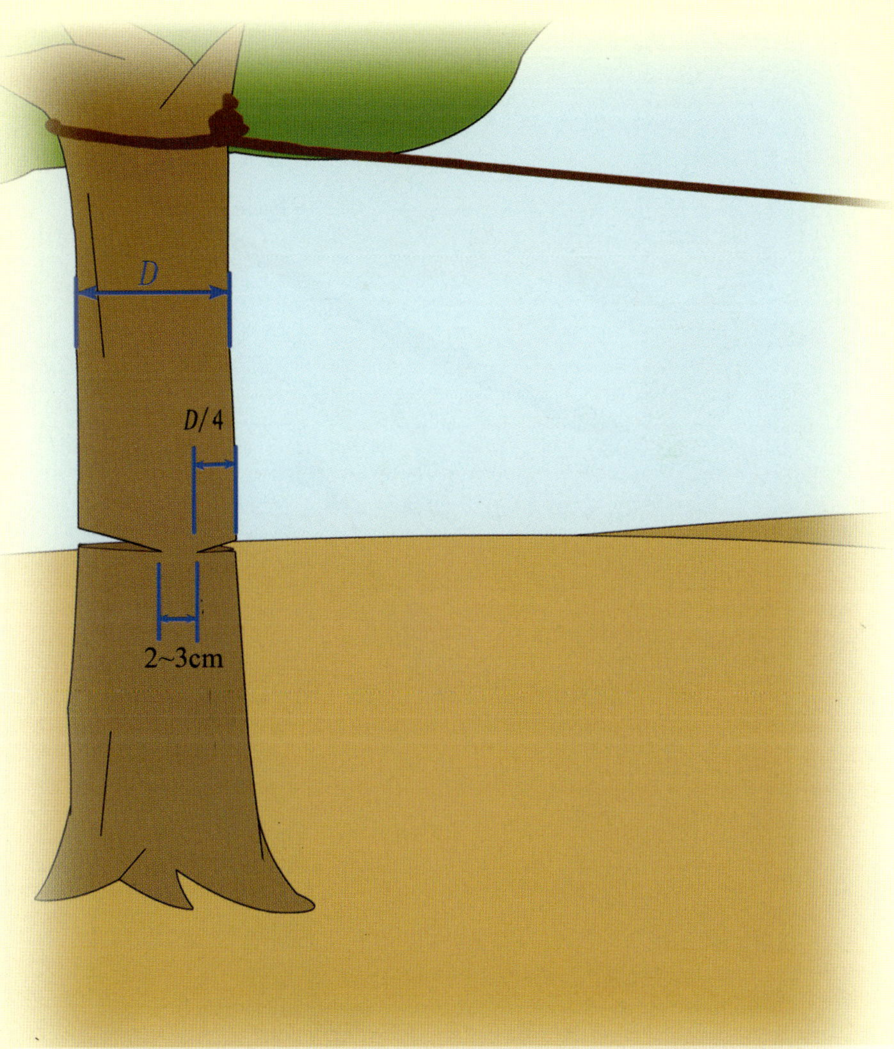

8. 为使树木按预定方向倾倒，要在树木下部倒树方向砍一斜口，其深度为树干直径的1/4，然后再从斜口上边缘的对面开锯，最后应留2～3cm安全距离。

9. 在陡坡悬岩处砍伐树木，应有防止树木伐倒后顺坡溜滑和撞落石块伤人的安全措施。

10. 在山坡上严禁在同一地段的上下同时进行砍伐作业。

11. 作业时必须按程序进行作业，服从带班人员指挥，分工明确，协调一致；配合其他专业工种人员作业时，必须服从该专业工种人员的指挥。

12. 作业时必须根据作业要求，佩戴防护用品，高处伐树枝时必须系安全带；严格遵守劳动纪律，不得擅自动用各种机电设备。

13. 必须将控制缆绳拴牢拉住后方可锯、砍树干，树木倾倒区域内不得有人。

14. 应先砍树枝，后伐树干。

15. 锯口应与倾倒方向相反。

16. 必须及时清理作业区域，待道路上的杂物清理完成后，方可解除警戒，开放交通。

17. 截锯木料时，三叉马和树干垫撑必须稳固。

18. 大风天气不得进行伐树作业。

19. 大雾天气不得进行伐树作业。

20. 雨天不得进行伐树作业。

21.清挖树根，特别是用拖拉机配缆绳拖拔大树根时，缆绳与树根要捆结牢固，且缆绳必须具有足够强度，以防缆绳绷脱树根或断裂而出现事故。

22. 清除的丛草、杂树、树根等严禁放火焚烧，以防引起火灾。

23. 如遇有供电线路或电话线时，要与有关部门联系，采取措施后方可伐树。

24. 使用油锯伐放树木时，油锯必须指派专人使用。

1.2 树木移栽

1. 有关人员进行交底后，方可移栽树木。严禁在风雨天施工。

2. 挖、掘、吊装使用的工具，应在作业前由专人负责检测。

3.作业人员施工中应佩带齐全安全防护用品。

4. 树木吊卸前，带工人员要认真检查各连接处是否牢固。

5. 树木吊卸作业过程中，应由有经验的职工专门指挥。

6. 人员不得在起重设备吊臂下停留。

7. 吊出树木时，坑内严禁留人。

8. 树木装车后，必须用绳索将树木与车体捆绑牢固，方允许行车。

9. 树木运输中，须设押解员。押解员要站立在树木的两侧，并随身携带竹竿或木棒，排除有可能影响安全通行的障碍物，并随时检查绳索和支撑物有无松动或脱落，发现问题应立即通知驾驶员停车，并采取加固措施。

10. 树木吊入坑内时，坑中不得留人。

11. 如需重新修整树坑时，必须待树木吊离树坑后，作业人员方可进坑施工。

12. 树木移栽如需采用人工定位，作业人员应坐在坑边，用脚蹬动土坨。

1.3　临时道路及安全设施施工

1. 开工前应按规定修建人行和运输便道，且经常养护，保持畅通。

2. 施工人行道的宽度不得小于1m，特别困难地段不得小于0.6m。

3. 陡坡地段运输便道应在陡坡上挖砌台阶。

4. 在“之”字形施工便道转弯处应设置不小于1m×1m的平台，并按需要设置栏杆、加铺防滑材料。

5. 临时道路的土石方弃渣应妥善处理，不得：
（1）侵占正式工程建筑物位置。

临时道路的土石方弃渣应妥善处理，不得：
（2）挤压河道。

临时道路的土石方弃渣应妥善处理，不得：
（3）污染水源。

临时道路的土石方弃渣应妥善处理，不得：
（4）引起流石、流泥，甚至引起泥石流。

临时道路的土石方弃渣应妥善处理，不得：
（5）毁坏农田。

临时道路的土石方弃渣应妥善处理，不得：
（6）危及行车安全。

6.临时道路施工使用土石方机械时，在半路堑陡坡地段的虚渣作业区，应设置明显的禁止超越标志，并设防护人员指挥机械作业。

7. 盘山道、“之”字道上同一段内严禁上下同时进行开挖土石方作业。

8. 所有施工机械在停机时，应恢复到启动前的安全位置上。推土机的刀片、铲运机的铲斗、挖掘机的挖斗，在工作完毕后应落到地面。非值班司机不得启动机械。

9. 任何人员不得爬乘挖掘机、铲运机、翻斗车等施工机械。

10. 施工机械的指挥及操作人员不得酒后作业，严禁疲劳工作。作业时必须精力集中，加强瞭望，保证安全。

11. 夜间施工应有照明设施。当照明发生故障时，正在作业的机械应停止作业。施工机械的大灯光改为小灯光，并低速靠边行驶。

12. 在陡坡上作业的人员必须拴安全绳。安全绳在使用前必须检查是否牢固。

13. 施工人员不得在粉尘含量超过$2mg/m^3$的环境中工作。

14.清理路堑边坡孤石或进行刷坡，必须自上而下进行，严禁重叠作业和坡脚站人。

15. 火烤融化冻土，应有防火措施。

16. 在解冻地区施工必须防止冻土因受热融化发生坍塌和冻块坠落伤人、砸坏设备。

17. 各种脚手架、机械塔架等均应设在稳固的地基上，且严禁超载。

18. 脚手板上必须有防滑设施，不得使用腐朽、劈裂的木板，并不得出现探头板。

19. 接触灰土的作业人员，应佩戴口罩、手套等防护用品。

20. 接触灰土的作业人员，应在上风口作业。

21. 临时道路靠近既有铁路时，应在靠近铁路一侧设置防护设施，并设置道路出入口栏门。出入口栏门应有专人看守，车辆及大型施工机械进入应实行监护、许可制度，未经许可严禁进入；不施工时应封闭。

22. 临时道路靠近高路堑、深基坑时应设置防护设施及安全警示标志。行人、车辆频繁通过的临时道路交叉路口应悬挂安全警示标志。

23. 临时便道和正式公路交界处应设置安全标志。在施工便道间的交叉口、与铁路的交叉口及渡口处，应设立标志。

24. 在傍山险路处，应将设置的防护石墩刷白。

25. 在过水路面、漫水桥上、积雪严重地段应设置标杆。

26. 施工便道应避免在架空索道及起重设备工作范围内穿越，如因场地限制必须穿越时，应有防护设备和安全措施。

27. 冬季施工时，所有道路均应及时清除冰雪并采取防滑措施。

1.4　临时道路养护与维修

1. 维修临时道路应在施工地段的两端设立警告标志。夜间维修临时道路施工应设灯光警告标志。

2.用撬棍或十字镐维修临时道路路面必须保持前后左右的安全距离。

3. 用架子车等运料机具上下陡坡时应有刹车设备，并检查刹车的灵敏度。

4. 架子车、手推车上严禁载人。

1.5 临时渡口与码头

1. 机动渡船（包括拖轮）、非机动渡船（包括木船拼装的渡船）应配备安全设施，并必须按有关船舶安全要求检验规定，核定其载重、车数、乘客人数。严禁超载。

2. 跳板、系船的环、柱、桩以及趸船的锚定设备、支撑和栈桥等应坚固可靠。

3. 渡船操作人员必须持有合格证。渡口工作人员对渡口各种设备应经常进行检查、维修保养，并与当地气象台、站、水情预报单位建立联系。根据气象、水情变化，及时采取相应的措施。

4. 无夜间渡运设施的渡口，夜间不得渡运。

5. 车辆运载易燃、易爆等危险品时，车辆负责人应于渡运前向渡口管理人员报告，采取适当的安全措施。

6. 渡运时，车辆驾驶人员不得离开驾驶室，车上除病员外，一律下车渡运。

7. 遇有上下船舶通过，不得横越抢渡。

8. 对于栈桥式码头，搭设的栈桥必须坚固可靠，两侧人行道、轨道中间应铺满木板。栈桥临水端应设置靠船的靠帮和系缆设施。栈桥不得随意系缆牵拉。

9. 通过栈桥的电线、电缆要绝缘良好，并固定在栈桥的一侧。

1.6 便线、便桥

1. 铁路便线、便桥在汛期应增设专人巡道、看守，并安装通信设备与两端车站联系。

2. 对木质便桥或木质桥面，必须按规定设置防火设施。

3. 临时栈桥、码头应按规定设置安全警示标志，并进行养护维修。

4. 通过临时栈桥的电线、电缆应绝缘良好，并固定牢靠。

5. 与高压线路、通信线路和高大树木保持一定的安全距离。

【案例】某施工单位的栈桥未做好警示标志，一非施工单位的70t吊车开上承载力仅为40t的栈桥，导致栈桥被压坏，吊车坠落。

6. 铁路便线还应注意以下事项：

（1）钢轨外侧1.5m范围内不得堆放超过轨面的物件。

铁路便线还应注意以下事项：

（2）车辆、人员通行繁忙的道口，应有专人看守，并设栏杆。

（3）严禁超速行车。

（4）运输大型物件时，必须有人随车监护，发现问题及时检查处理。

2　施工场地安全

2.1 场内道路

1. 场内道路应经常维护，保持畅通。载重车辆通过较频繁的道路，其弯道半径一般不小于15m，特殊情况不得小于10m。手推车道路的宽度不小于1.5m。急弯及陡坡地段应设置明显交通标志。

2. 与铁路交叉处应有专人看管，并设信号装置和落杆。

3. 靠近河流和陡壁处的道路，应设置护栏和明显警告标志。

2.2 临时用电

1. 场内架设的电线应绝缘良好。现场架设的临时电力线路必须用绝缘物支持，不得将电线缠绕在钢筋、树木或脚手架上。

2. 电工在接近高压线操作时，其安全距离为：10kV以下不得小于0.7m，20～35kV不得小于1m，44kV不得小于1.2m，否则必须停电后方可操作。

3. 遇有雷雨天气不得爬杆带电作业；在室外无特殊防护装置时必须使用绝缘拉杆拉闸。

4. 各种电气设备应配有专用开关。室外使用的开关、插座应外装防水箱并加锁，在操作处加设绝缘垫层。

5. 配电箱、开关箱的进线和出线严禁与金属尖锐断口、强腐蚀介质和易燃易爆物接触。

6. 各种电气设备的检查维修必须由电工进行，其他人不得操作。作业中如遇停电应拉下开关，切断电源；检修结束必须仔细检查各项设备的情况，没有异常，方可合闸；大型电气设备遇停电应拉下开关，切断电源、设好防护后进行，并在开关处设置警告标牌，工作完成后方可拆除；如需进行送电试验时，必须在认真检查并与有关部门联系后，方可进行。

7. 各种电气设备的检查维修，必须带电作业时，应有可靠的安全措施并派专人监护。

8. 现场的变（配）电设备处，必须备有灭火器材和高压安全用具。非电工人员禁止接近带电设备。

9. 使用高温灯具，要防止失火，其与易燃物的距离不得小于1m，一般电灯泡距易燃物品不得小于50cm。

10. 移动式电气机具设备应用橡胶电缆供电，并经常理顺。

11. 橡胶电缆跨越道路时，应埋入底下或穿管保护。

12. 施工现场的临时照明应符合下列规定：
（1）室内照明线路应用瓷夹固定。
（2）电线接头应牢固，并用绝缘橡胶带包扎。
（3）保险丝应按用电负荷量装设。

箱梁预制场应有自备电源

13. 大型桥梁施工现场、隧道和预制构件场地，应有自备电源，以免因电网停电造成工程损失和事故。自备电源和电网之间，要有联锁保护。

2.3 其他

1. 严禁污染生产生活用水水源。

2. 设备的传动带、转轮、飞轮等外露部位必须安设防护罩。

3　临时用房及围挡安全

3 临时用房及围挡安全

3.1 临时用房及围挡设计

1. 临时用房及围挡应合理选址，避开强风口、江河岸边、泄洪道旁和危房影响范围，并不应建造在易发生滑坡、坍塌、泥石流、山洪等危险地段和低洼积水区域；当濒临江边时，应根据设计验算结果采取结构加强措施，并不宜与深基坑或高墙紧邻；在遇到暗浜、松散填土时，应根据地基承载力要求进行地基处理或加固；同时应与高压电线、压力管道、压力容器及易燃易爆场所保持一定的安全和消防间距。

2. 临时用房的选址应处于在建（构）筑物的坠落半径之外。如因场地所限局部位于坠落半径之内的，应制定安全技术防护措施，必要时可组织专家进行技术论证，提出可靠防护措施。

3　临时用房及围挡安全

3. 临时用房及围挡的设计应根据场地条件、使用要求、结构选型、生产制作等情况确定，并符合现行国家标准规定。临时用房及围挡的结构设计应满足抗震、抗风等级要求，并应进行地基和基础承载力计算；临时用房及围挡的结构安全等级不应低于三级，结构重要性系数不应小于0.9。

4. 工地办公、生活用房宜采用钢框架、钢排架或门式刚架等承重结构体系的活动板房，并应采取可靠的防风加固措施，具备抵御10级大风的能力和强度。临时用房采用活动板房的，其材质应满足防火阻燃性能要求。

5. 一般情况下，临时用房不应使用水泥膨胀珍珠岩复合板活动房和石棉瓦屋顶。

6. 活动板房搭建不宜超过二层。因施工现场狭小需要搭建三层活动板房的，除按国家有关规范进行设计和施工外，还应向所在地建设工程质量安全监督机构备案。施工现场禁止搭建四层（含）以上活动板房。

7. 餐厅、资料室、会议室应设在活动板房的底层。食堂宜采用单层结构，顶棚宜设吊顶。

8. 临时房屋靠近路旁布置时，房门应开在侧面，或远离道路的一侧。

9. 除风沙严寒积雪地区外，集体宿舍门窗必须向外开。

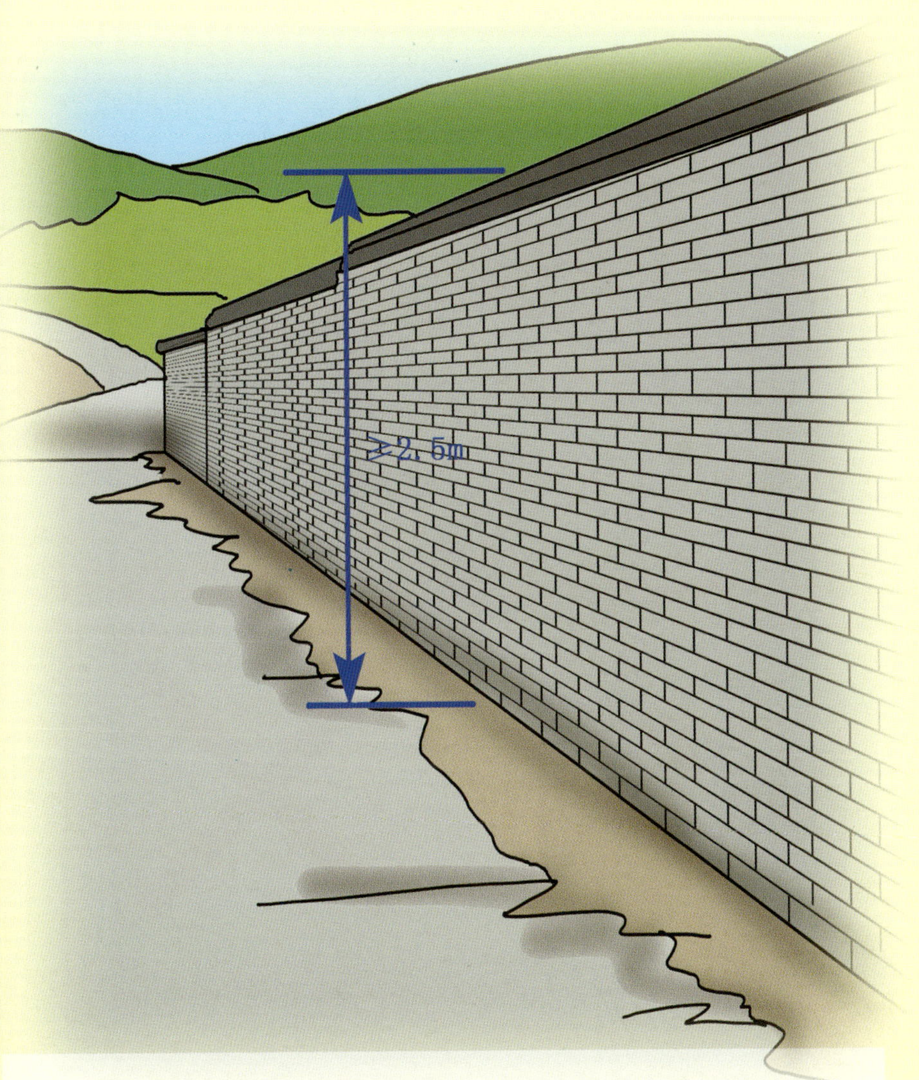

10.砌体围挡高度不得低于2.5m。拆房施工工地和城市中铁路施工工地的围挡不得低于2.1m。

11. 砌体围挡不应采用空斗墙砌筑方式。

12. 砌体围挡厚度不应小于200mm，并在两端设置壁柱。砌体围挡长度大于30m时应设置变形缝，变形缝两侧设置端柱。砌体围挡内外侧面应采用混合砂浆，强度应符合国家规范要求。

3　临时用房及围挡安全

13. 围挡宜选用彩钢板、砌体等材料搭设，不得采用彩条布、竹笆等材料。

14. 在软土地基上、深基坑影响范围内、城市主干道人流密集地区的围挡宜选用彩钢板。

3.2 临时用房及围挡施工

1. 临时用房及围挡的搭设应严格按照设计和国家有关规范要求施工。采用的原材料、构配件等应满足设计要求并符合国家现行标准的规定，不得使用已淘汰的产品。

2. 临时用房及围挡的搭设应编制专项施工方案，搭设前应对作业人员进行施工技术交底。砌筑砌体临时用房和围挡的施工单位应具备相应的施工资质，搭设活动板房必须由生产厂家或具有钢结构资质的单位负责。

3. 临时用房搭设前应对结构件的质量进行检查，并将构件表面的灰尘、杂物等清理干净。当结构件的变形、缺陷超出允许偏差时，应进行修正处理，经检验合格后方可进行安装。

4. 临时用房在规定使用年限内需重新使用时，应对其进行质量检测，合格后方可继续使用。

5. 临时用房及围挡的基础周边应设置一定数量的集水井和排水沟，并保证排水畅通。

6. 工地的办公、生活用房应与施工作业区严格分离。不得利用围挡作为搭建施工现场临时用房的墙体使用。

7. 临时用房集中搭设区域应按照有关规定设置消防通道。

8. 活动板房施工时，应注意如下事项：

（1）在平整地面上先把立杆柱和桁架（或屋架）用螺栓拼装起来，然后把拼装好的立杆柱、桁架（已成为一个整体）竖起来，并用搭头或撑杆固定牢靠。

（2）各立杆、板墙面的垂直度用线锤挂直，保证做到垂直度不大于2mm。

活动板房施工时，应注意如下事项：

（3）在活动板房的每根主柱与桁架之间、主柱与屋架之间或转角处，应用扁钢或角铁将节点固定起来。底层房子四周的立杆柱必须与预埋件连接牢固，底脚所有立杆必须用角铁串联固定。

活动板房施工时，应注意如下事项：

（4）门窗安装必须符合规范。门窗玻璃安装时应用弹簧扣固定，防止玻璃滑出伤人。

（5）应随时关注天气情况，在恶劣天气来临前，采取可靠的防风措施，以防活动房被大风吹倒。

活动板房施工时，应注意如下事项：
（6）高处作业时，应系好安全带。

活动板房施工时，应注意如下事项：
（7）在屋顶上工作不得穿硬底易滑的鞋。

活动板房施工时，应注意如下事项：
（8）房顶上应安装避雷装置。

9. 砌体房屋施工时，应注意如下事项：

（1）砖墙砌筑前，应先做好排水。

（2）砖墙砌筑时，不得将手、脚伸入砖缝中。也不得将手指伸入空心砖的孔眼中。

砌体房屋施工时，应注意如下事项：

（3）采用大型混凝土墙板砌筑墙体时，抬运或车辆运输墙板时应绑扎牢固，防止坠落。扛运轻质隔墙板时，应背负牢固，双手抓紧隔墙板。

砌体房屋施工时，应注意如下事项：
（4）墙体砌完后应立即安装檩条或加临时支撑。

砌体房屋施工时，应注意如下事项：

（5）立屋架时应两面绑扎撑杆。吊车吊运应拴好溜绳。就位后应立即加设支撑。

砌体房屋施工时，应注意如下事项：
（6）在屋顶上工作不得穿硬底易滑的鞋。

砌体房屋施工时，应注意如下事项：

（7）安装屋檐板，必须站在脚手架上进行，严禁在屋面上探身操作。

砌体房屋施工时，应注意如下事项：
（8）非承重结构上严禁通行或堆放材料。
（9）严禁抛掷工具或砖块。

10. 坡形屋面上使用工具应防止滑落。工具、材料不得随意放置。

11. 采用彩钢板围挡时，彩钢板之间的搭接要严密，合口要紧，彩钢板的厚度要和边框搭配合适。

3.3　临时用房及围挡使用与维护

1.临时用房在使用过程中，不应更改原设计的使用功能和结构，不得随意开洞、打孔。严禁擅自拆除隔墙和围挡构件。楼地面的使用荷载不得超过设计值。在墙体上安装吊挂件，必须满足结构受力要求。

2. 办公、生活用房内不得安装使用震动性较大的机械设备，不得存放易燃、易爆、剧毒、放射源等危险物品及腐蚀性较强的化学材料。

3. 临时用房用电应设置独立的漏电、短路保护器和足够数量的安全插座。电线必须套管敷设，电器线路宜采用限压器，电器设备安装和电源线配置必须由专职电工操作，不允许私搭乱接。

4. 临时用房内严禁使用煤气灶、煤油炉、电饭煲、热得快、电炒锅、电炉等器具。

5. 冬季临时用房中取暖时应有防煤气中毒措施。

6. 施工现场的各类材料、设备和临时弃土等不得紧靠围挡堆放。

7. 物料堆场离围挡的安全距离不应小于1.0m。

8. 严禁附着围挡或倚靠围挡架设超过2.5m的广告或宣传牌。

9. 临时用房及围挡应定期检查，发现开裂、沉降、倾斜等情况时，应立即采取相应加固或拆除措施；同时在使用过程中应加强对围挡的清洁和维护，确保完好、整洁。严格按照防汛抗台、防冻抗雪等应急预案的规定，在遭遇灾害性天气时，按照应急响应等级的要求，及时组织人员撤离，确保人员和财产的安全。

3.4　临时用房及围挡的拆除

1. 临时用房及围挡的拆除应制订安全技术措施，拆除前应对作业人员进行安全技术交底。

2. 拆除临时房屋应先进行检查，按照正确的方法拆除：

（1）拆除施工现场周围、进出口应设置围挡、警示标志，并采取相应的防止扬尘措施。

（2）拆除施工时上部已拆除构件及其他物品应适时组织定位卸放，上下应设专人监护，并应统一指挥，互相联系。

拆除临时房屋应先进行检查，按照正确的方法拆除：
（3）非作业人员不得进入拆除施工现场。

拆除临时房屋应先进行检查，按照正确的方法拆除：
（4）严禁立体交叉拆除作业。

拆除临时房屋应先进行检查，按照正确的方法拆除：

（5）人工拆除作业应从上至下，逐层拆除，分段进行。

拆除临时房屋应先进行检查，按照正确的方法拆除：

（6）拆除施工时作业人员应站在稳定的结构或脚手架上操作。已拆除的构件应放置在安全场所，严禁从高处随意抛掷。

拆除临时房屋应先进行检查，按照正确的方法拆除：

（7）高处拆除作业时，作业人员严禁接近建筑物的边缘进行作业。

3. 人工拆除砌体围挡时严禁采用掏掘的方法。

4. 人工拆除砌体围挡时严禁采用推倒的方法。

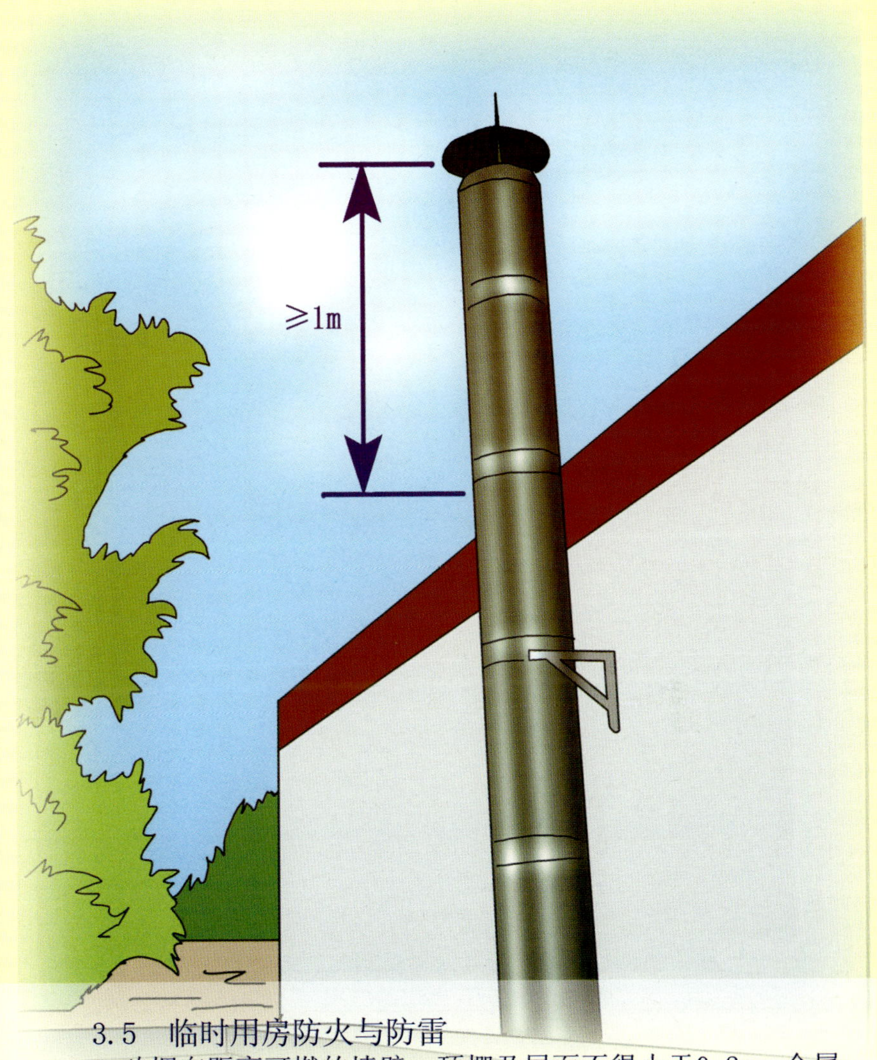

3.5 临时用房防火与防雷

1.砖烟囱距离可燃的墙壁、顶棚及屋面不得小于0.2m；金属烟囱，不得小于0.7m。

2.烟囱口距离屋面的高度不得小于1m，并应在烟囱口上装设防火烟囱帽。

3　临时用房及围挡安全

3.在困难情况下迫不得已采用竹编、苇编、木条等易燃材料作为临时房屋外墙和隔墙时，应抹草泥或石灰砂浆。不得用裸露的草帘作挡风墙和隔墙。防火间距内不得存放易燃、可燃物质。

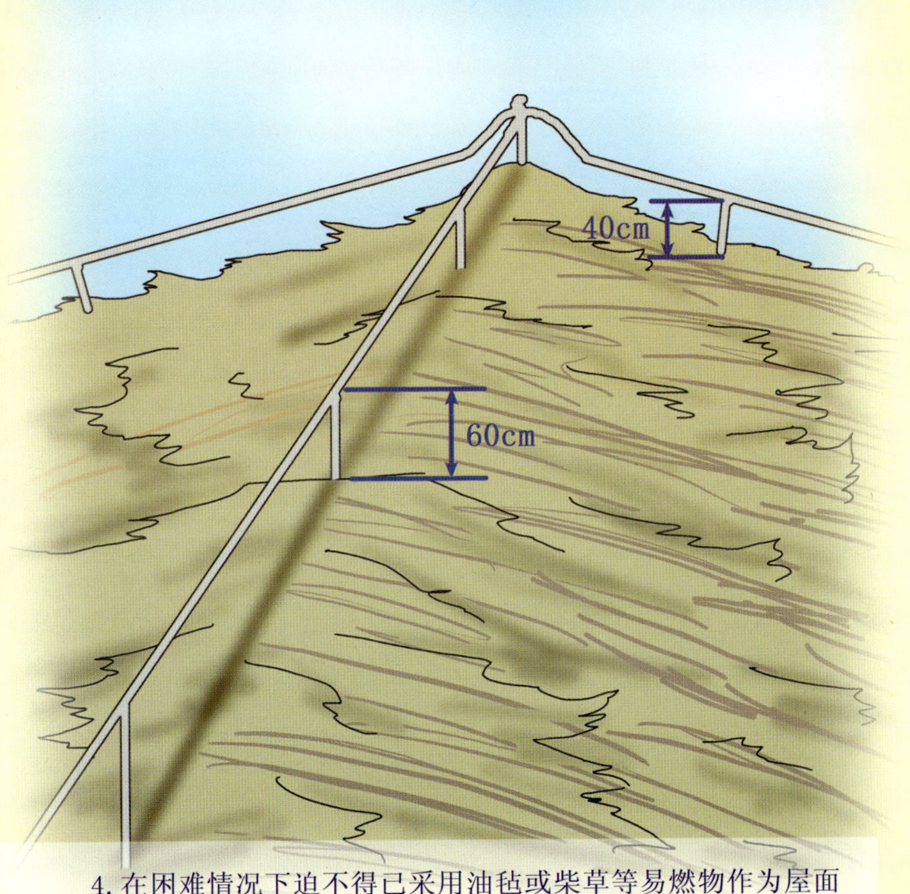

4.在困难情况下迫不得已采用油毡或柴草等易燃物作为屋面材料时，在屋脊上的避雷带应支起高60cm，斜脊及屋檐部分的避雷带应支起高40cm。

5.在任何情况下，防雷装置的金属部分不得直接穿过易燃物。

4 临时爆破器材库安全

4.1　爆破器材库的修建

1. 爆破器材库不得使用竹席、油毡等易燃材料作墙壁或屋面。库内应通风和防潮。

2. 内墙壁应粉刷。雷管库内的混凝土地面上应铺软垫。

3. 爆破器材库的周围应设排水沟。

4.2 爆破器材库的管理

1. 爆破器材库应设置消防设施，配备灭火器材，并应定期检查其有效性。

2. 爆破器材库周围50m范围内的杂草、灌木等必须铲除。

3. 爆破器材库周围50m范围内严禁堆放柴草等易燃杂物。

4. 爆破器材库温度在一般情况下不得超过30℃，在高温地区不得超过35℃。

5　临时给水及排水安全

5.1 储水设备

水池、水柜和水罐不得漏水。水池必须加盖。

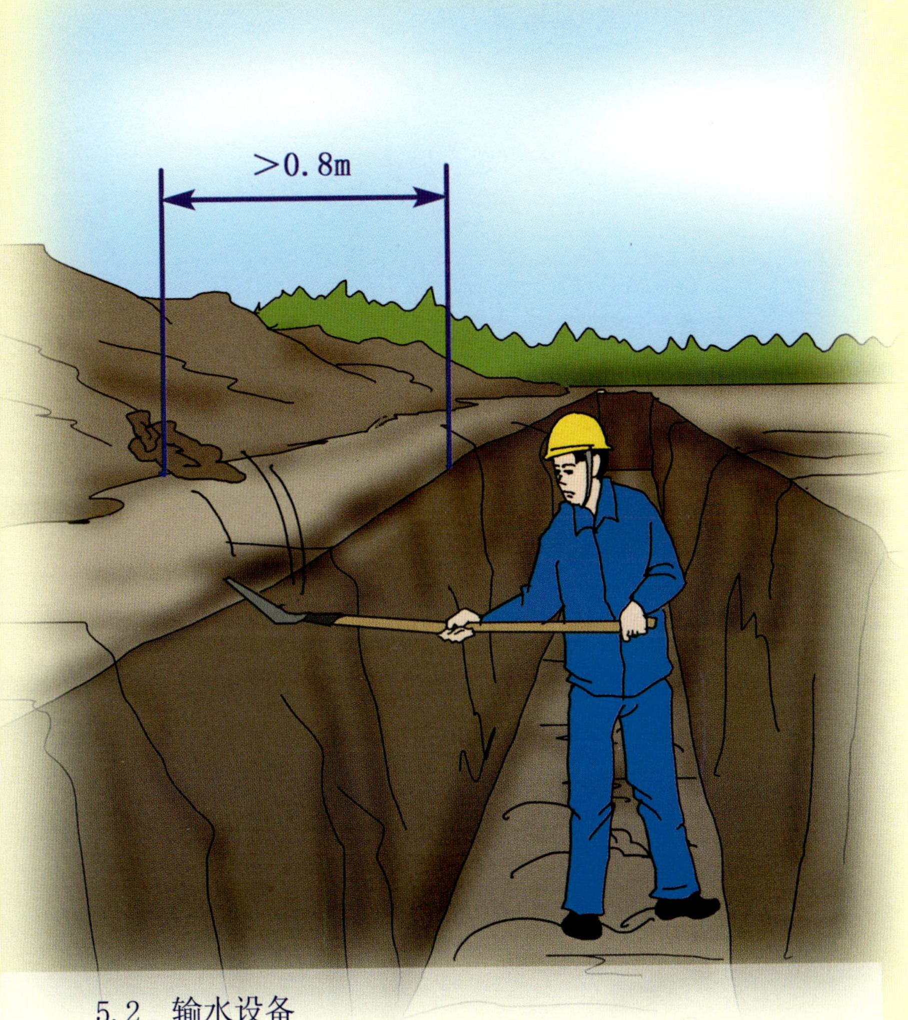

5.2 输水设备

1. 人工开挖沟槽应根据深度和土质等，确定边坡陡度或支撑方法。弃土应在坡顶0.8m以外。

2.采用挖沟机开挖沟槽时，步行操纵式机器前进的速度不应大于6km/h。朝着司机操作位置行驶的速度不应大于2.5km/h。

3. 铺设管道前应检查沟槽边坡有无松动及开裂现象。

4. 运送管材的车辆分散卸车时不得偏载，所余管材应绑扎牢固后再继续运送。车辆运送超长管材时，应绑扎牢固并设标志，转弯时应引导通过。

5. 混凝土输水管节应谨慎装卸，勿使管节受到碰撞而损坏。

6. 人工推运混凝土输水管转向时，作业人员不得站在输水管的前方或贴靠两侧。

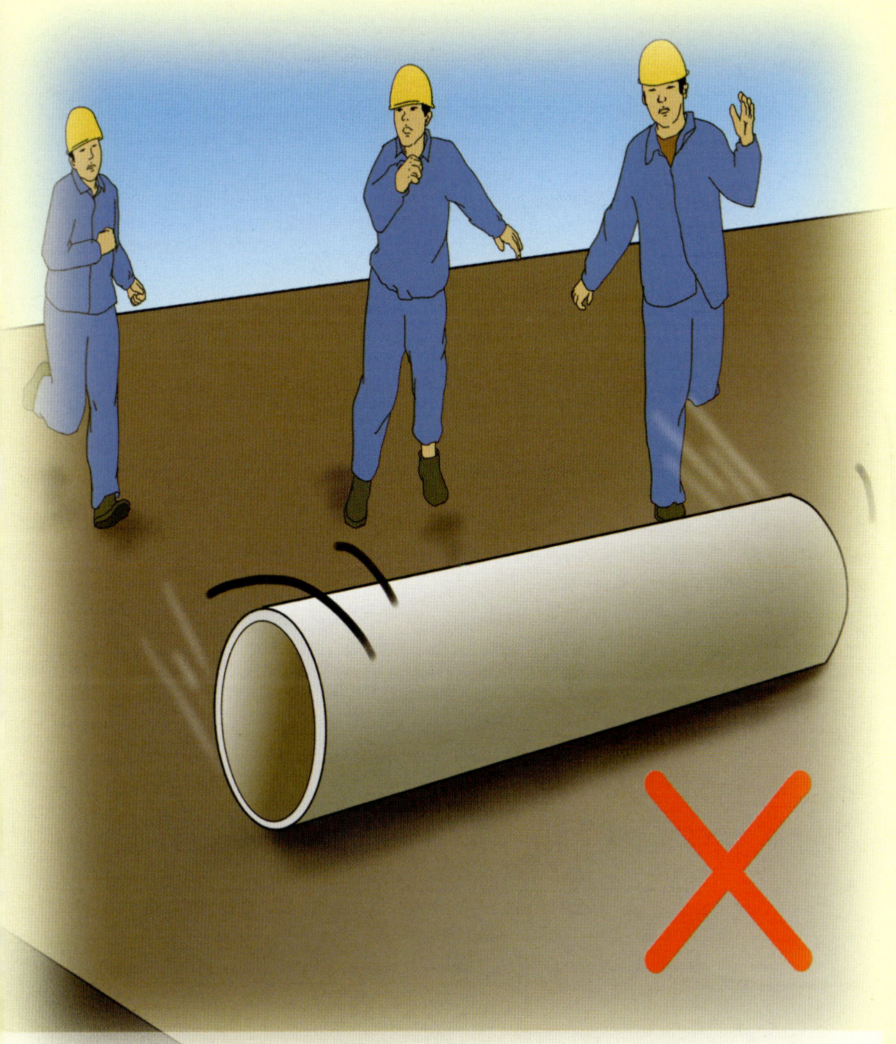

7. 在下坡道上人工推运混凝土输水管时，应用大绳控制速度，两管之间应保持5m以上的安全距离。

8. 堆放混凝土输水管节的地面应平整。

9. 槽边放置混凝土输水管的场地应坚实平整，不得在有坍塌危险的槽边放置输水管；输水管与槽边应保持2m以上的距离，码放高度不宜大于2m，同时应挡掩牢固。

10. 下管时沟槽内不得有人，沟槽上部前后8m及两侧范围内，不得进行其他工作。

11. 当混凝土输水管填土厚度小于0.5m时，任何机械及车辆均不得通过。

5.3 挖井作业

人工挖井时，应符合下列要求：

（1）井口四周应设挡板或高度不低于0.3m的围圈，并按设计要求设置通风和检测设备。

人工挖井时，应符合下列要求：
（2）上下井应有安全爬梯。

人工挖井时，应符合下列要求：
（3）上下井不得携带工具和材料。

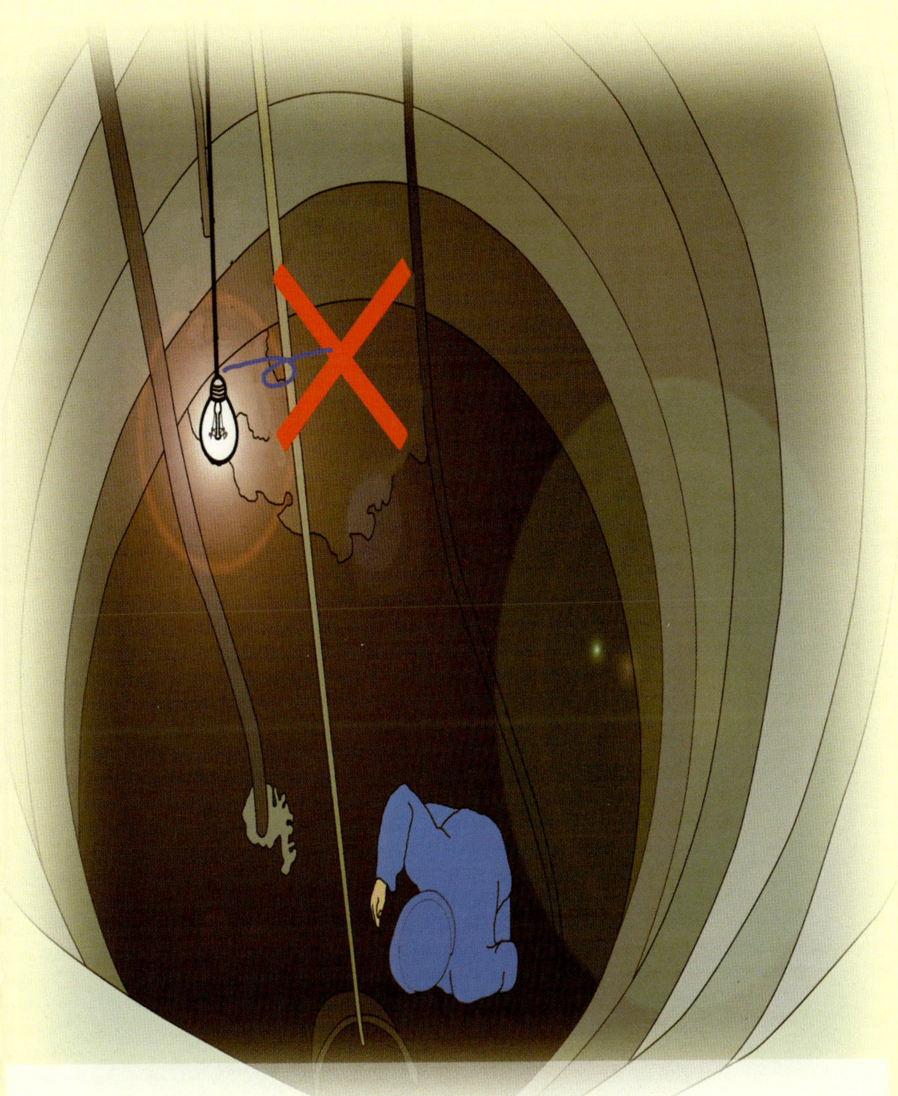

人工挖井时，应符合下列要求：
（4）井内临时照明应采用安全电压作业灯。

人工挖井时，应符合下列要求：

（5）井内岩石爆破前，孔口应加防护盖，以防止石渣飞出。井内排烟未完成前不得下井作业。

6　临时供电及照明安全

6　临时供电及照明安全

6.1　安全供配电

1. 临时发、配、变电站应设围栏（墙）防护，并设立标志。非工作人员严禁进入。

2. 发电站内的排气管必须引出机房外面，排放口应避开作业区，其附近不得存放易燃物品。发电机组及其控制、配电室内必须配置可用于扑灭电气火灾的灭火器。电站动力设备与所需燃料应隔离存放，设专人管理。

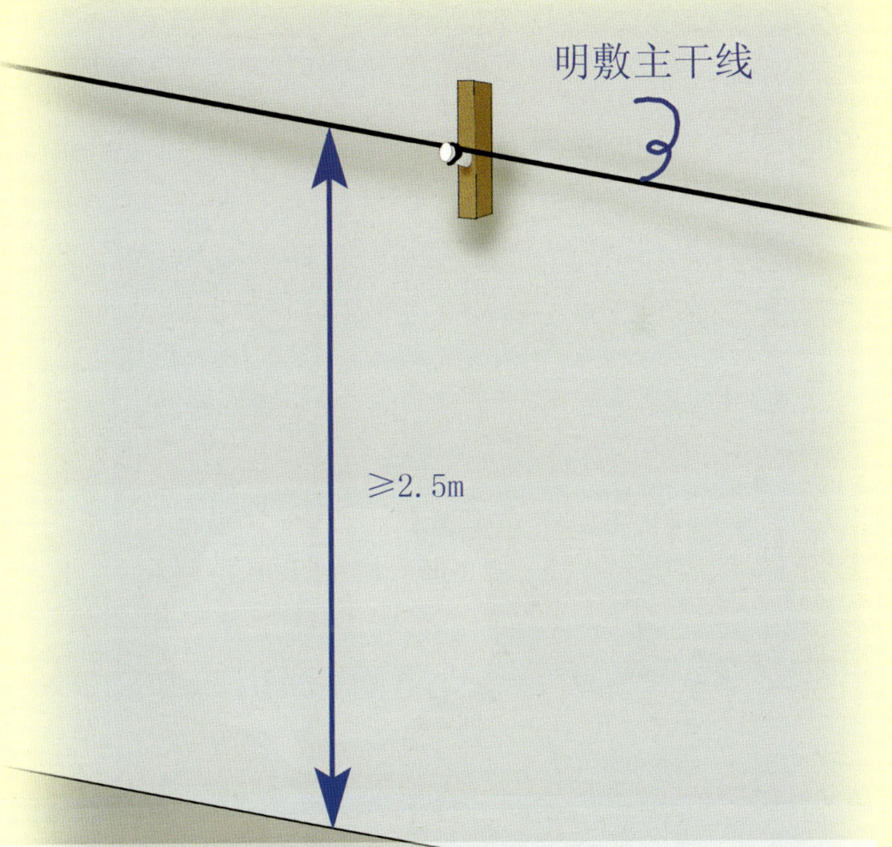

3. 电力设备上的，接地线应用多股软铜线，截面不得小于25mm²。接地线应使用专用线夹固定在导线上。室内照明配线应用瓷夹固定。施工工地、车间、仓库、办公室、宿舍等，应按设计规定安装照明设备，且不得随意变动。

4. 室内非埋地明敷主干线距地面高度不得小于2.5m。

5. 线路各种配件如瓷瓶、瓷夹、瓷管、瓷熔断器、灯头等有破裂情况者不得使用。

6. 熔丝的容量必须按用电负荷量装设，严禁以其他金属丝代用。

6.2 安全用电

1. 普通照明灯不得当作移动式手提作业灯使用。

2. 工地投光灯安装位置应选择在不妨碍工作的适当地点，并避免眩光。支架应牢固，必要时应设防护。

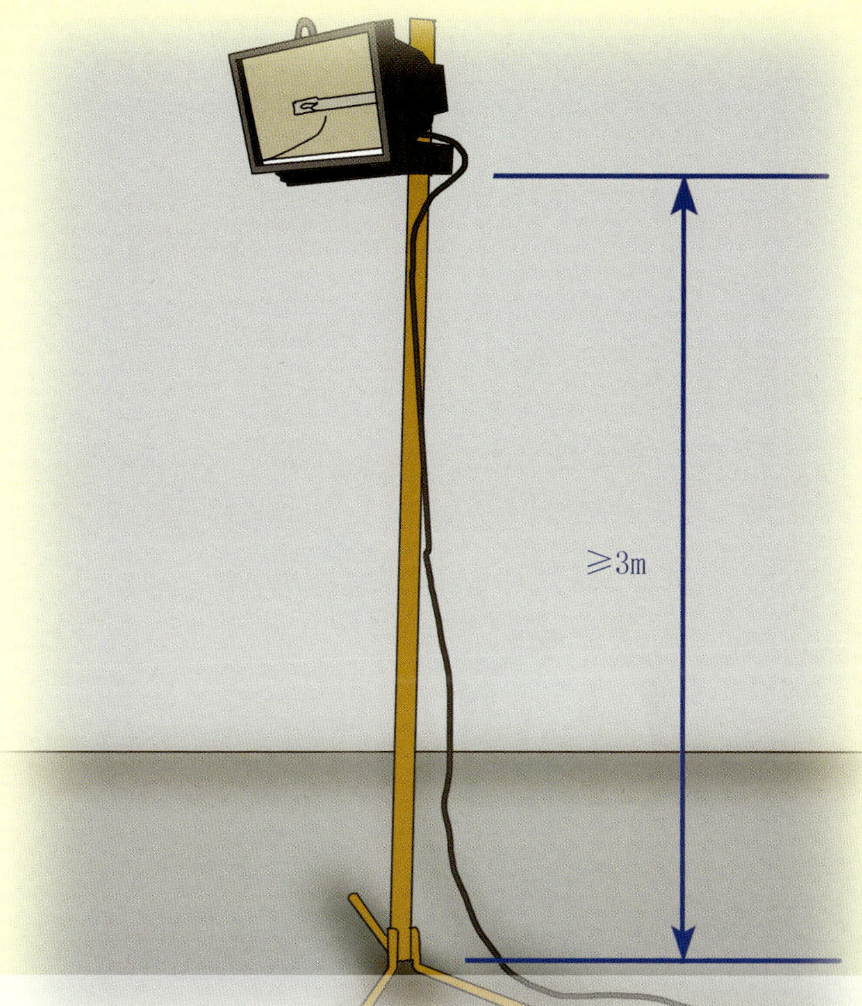

3. 定期检查用电安全，及时更换老化破损电线。

4. 室内安装的固定式照明灯具悬挂高度不得低于2.5m，室外安装的照明灯具不得低于3m。

5. 安装在露天工作场所的照明灯具应具有防水功能。

6. 遇有雷电、暴风雨、雪等不良气候时，应停止室外的临时供电及照明等施工作业。

7. 现场办公室、宿舍、工作棚内的照明线，除橡套软电缆和塑料护套线外，均应固定在绝缘子上，并应分开敷设；穿过墙壁时应套绝缘管。

8. 为防止绝缘降低或绝缘破坏，照明电源线路不得接触潮湿地面，并不得接近热源和直接绑挂在金属构架上。在脚手架上安装临时照明时，在竹木脚手架上应加绝缘子，在金属脚手架上应设木横担和绝缘子。

9. 照明开关应控制相线。当采用螺口灯头时，相线应接在中心触头上。

7　高原临时工程安全

7　高原临时工程安全

7.1　选址

生活区、料库（场）及设备存放场等的搭设，应选择在地质条件较好的低含冰量冻土分布地段或基岩出露、避风的平缓阳坡处所，且应避开热融可能滑坍的冰锥、冻胀丘、高含冰量的冻土和湖塘等不良地段。

7.2　施工作业

1. 平整场地应坚持宁填勿挖的原则，不应随意铲除植被、碾压便道以外的冻土和草地。

2. 严禁施工机械驶入非便道的富冰、饱冰冻土地段。

3. 修建临时工程时不得切断、阻拦地表水和地下水径流。

4. 临时工程附近不应形成新的积水洼地。

后 记

在铁路工程建设中，临时道路、临时渡口与码头、临时铁路便线与便桥、临时混凝土搅拌站、临时混凝土构件预制场、临时房屋与围挡、临时爆破器材库、临时给水及排水、临时供配电及照明等临时工程多，安全形势严峻。本书的出版为一线施工人员提供了良好的参考资料。在撰写过程中注意把安全管理、安全技术及安全作业有机统一起来，以安全作业为重点图解内容，同时兼顾了安全管理与安全技术相关内容的分析和阐述。

要创造性地采用图画方式将安全问题展现在读者面前，看似简单，实则难度很大。难题之一是有些安全问题用图画难以表达或有很大的局限性，有时甚至无法实现。撰写过程中的另一难题是：绘图人员不懂专业，对工程相关情况缺乏基本的感性认识。这就需要将脚本写得相当详尽，或当面指导绘图工作。即使这样，一般情况下每一幅图也需要经过多次反复修改，方能达到要求。

此外，由于施工机械设备种类型号繁多，只能选取某一型号来表述问题，从而使得读者现场所见到的机械设备可能会与本书中展现的有所不同。加之铁路工程的复杂性，也可能会造成读者实际所处的施工场景与本书所描述的不太一致。对于以上客观原因造成的不足，敬请读者谅解。

本书由石家庄铁道大学黄守刚、中交远洲交通科技集团有限公司设计院康志瑜、石家庄铁道大学孙明磊合著。河北交通职业技术学院李永华、郝士华，石家庄铁道大学王扬、王丽娟、张慧丽、吕希奎、吴景龙、温少芳、刘润芬等提供了部分资料。本书插图由石家庄插画师田晓彤和原河北传媒学院学生刘梦、邱晓楠、宋瑞共同绘制，原河北科技大学动画学院学生任新新、王亚利、刘冠英、杨晓丽、李亚楠、王晓颖、薛丹丹、殷佳佳、刘赛也参与了部分工作。中国铁道出版社石家庄铁道大学发行分部赵春虎、于超、杨晓燕对本书撰写也提出了宝贵意见。在此一并表示感谢。

限于时间和水平，书中错误和不妥之处在所难免，敬请读者不吝赐教。

编著者

2013年5月

“图解铁路工程施工安全”系列丛书

1. 图解铁路桥梁基础施工安全
2. 图解铁路桥梁墩台与支座施工安全
3. 图解铁路简支梁制造运输架设安全
4. 图解铁路桥位制梁施工安全
5. 图解铁路钢桥与结合梁桥施工安全
6. 图解铁路拱桥斜拉桥及转体施工安全
7. 图解铁路桥涵综合施工作业安全
8. 图解铁路隧道洞身与洞口工程施工安全
9. 图解铁路不良地质与特殊岩土隧道施工安全及逃生
10. 图解铁路隧道辅助施工作业安全
11. 图解铁路路基本体施工安全
12. 图解铁路路基附属工程及特殊路基施工安全
13. 图解铁路轨道材料作业与运输安全
14. 图解铁路轨道道床施工安全
15. 图解铁路轨道铺设安全
16. 图解铁路通信与信号工程施工安全
17. 图解铁路电力与电力牵引供电工程施工安全
18. 图解邻近铁路营业线施工安全

“图解铁路工程施工安全”系列丛书

19 图解铁路营业线施工安全
20 图解铁路工程拆除作业安全
21 图解铁路工程装卸与搬运安全
22 图解地铁隧道工程施工安全
23 图解铁路工程施工用电安全
24 图解铁路工程施工防火与消防
25 图解铁路工程材料储存与运输安全
26 图解铁路工程起重及垂直运输安全
27 图解特殊天气条件下铁路工程施工安全
28 图解铁路工程特殊环境与场所作业安全
29 图解铁路临时工程施工作业安全
30 图解铁路工程土石方作业安全
31 图解铁路工程桩工与水工机械作业安全
32 图解铁路混凝土与砌体工程施工安全
33 图解铁路钢筋工程与预应力工程作业安全
34 图解铁路工程焊接与动力电气安全
35 图解铁路工程小型机具作业安全
36 图解铁路工程施工安全防护与安全心理